1

Sebastian Merz

Le Minage De Bitcoin 101

Le Guide du Débutant de Bitcoin

Pour Faire de L'argent Avec Des Bitcoins

© 2017, Sebastian Merz

Tous droits réservés

Edition : BoD - Books on Demand

12/14 rond-point des Champs Elysées

75008 Paris

Imprimé par BoD – Books on Demand, Norderstedt

ISBN : 978-2-3221-5626-9

Dépôt légal : 07/2017

Introduction

En achetant ce livre, vous accepter entièrement cette clause de non-responsabilité.

Aucun conseil

Le livre contient des informations. Les informations ne sont pas des conseils et ne devraient pas être traités comme tels.

Si vous pensez que vous souffrez de n'importe quel problème médicaux vous devriez demander un avis médical. Vous ne devriez jamais tarder à demander un avis médical, ne pas tenir compte d'avis médicaux, ou arrêter un traitement médical à cause des informations de ce livre.

Pas de représentations ou de garanties

Dans la mesure maximale permise par la loi applicable et sous réserve de l'article ci-dessous, nous avons enlevé toutes représentations, entreprises et garanties en relation avec ce livre.

Sans préjudice de la généralité du paragraphe précédent, nous ne nous engageons pas et nous ne garantissons pas :

• Que l'information du livre est correcte, précise, complète ou non-trompeuse ;

• Que l'utilisation des conseils du livre mènera à un résultat quelconque.

Limitations et exclusions de responsabilité

Les limitations et exclusions de responsabilité exposés dans cette section et autre part dans cette clause de non-responsabilité : sont soumis à l'article 6 ci-dessous ; et de gouverner tous les passifs découlant de cette clause ou en relation avec le livre, notamment des responsabilités

5

découlant du contrat, en responsabilités civiles (y compris la négligence) et en cas de violation d'une obligation légale.

Nous ne serons pas responsables envers vous de toute perte découlant d'un événement ou d'événements hors de notre contrôle raisonnable.

Nous ne serons pas responsable envers vous de toutes pertes d'argent, y compris, sans limitation de perte ou de dommages de profits, de revenus, d'utilisation, de production, d'économies prévues, d'affaires, de contrats, d'opportunités commerciales ou de bonne volonté.

Nous ne serons responsables d'aucune perte ou de corruption de données, de base de données ou de logiciel.

Nous ne serons responsables d'aucune perte spéciale, indirecte ou conséquente ou de dommages.

Exceptions

Rien dans cette clause de non-responsabilité doit : limiter ou exclure notre responsabilité pour la mort ou des blessures résultant de la négligence ; limiter ou exclure notre responsabilité pour fraude ou représentations frauduleuses ; limiter l'un de nos passifs d'une façon qui ne soit pas autorisée par la loi applicable ; ou d'exclure l'un de nos passifs, qui ne peuvent être exclus en vertu du droit applicable.

Dissociabilité

Si une section de cette cause de non-responsabilité est déclarée comme étant illégal ou inacceptable par un tribunal ou autre autorité compétente, les autres sections de cette clause demeureront en vigueur.

Si tout contenu illégal et / ou inapplicable serait licite ou exécutoire si une partie d'entre elles seraient supprimées, cette partie sera réputée à être supprimée et le reste de la section restera en vigueur.

CHAPITRE UN : Introduction à Bitcoin

Bitcoin : De Quoi S'agit-il, et Est-il Bon Pour Votre Entreprise ?

OK, c'est quoi donc le Bitcoin ?

Ce n'est pas une véritable monnaie, c'est une "crypto-monnaie", une forme de paiement numérique qui est produite ("extraite") par beaucoup de personnes dans le monde. Il permet les transactions par les pairs dans le monde entier, instantanément, gratuitement ou à un coût très faible.

Bitcoin a été inventé après des décennies de recherche sur la cryptographie par le développeur du logiciel, Satoshi Nakamoto (qu'on croit être un pseudonyme), qui a conçu l'algorithme et l'a introduit en 2009. Sa véritable identité reste un mystère.

Cette monnaie n'est pas soutenue par un produit tangible (comme l'or ou l'argent) ; les bitcoins sont échangés en ligne ce qui les rend une commodité en eux-mêmes.

Bitcoin est un produit open source, accessible par n'importe qui qui est un utilisateur. Tout que vous avez besoin est une adresse e-mail, accès à l'internet, et de l'argent pour commencer.

D'où vient-il ?

Bitcoin est exploité sur un réseau informatique distribué d'utilisateurs exécutant un logiciel spécialisé ; le réseau résout certaines des preuves mathématiques, et recherche une séquence de données particulières ("bloc") qui produit un modèle particulier lorsque l'algorithme de BTC est appliqué là-dessus.

Un match produit un bitcoin. C'est complexe et demande beaucoup de temps et d'énergie.

Seulement 21 millions de bitcoins ne sont jamais à être extraits (environ 11 millions sont actuellement en circulation). Les problèmes de mathématiques que les réseaux d'ordinateurs résolvent deviennent progressivement plus difficiles pour conserver le contrôle de minage et l'approvisionnement minier.

Ce réseau permet également de valider toutes les transactions grâce à la cryptographie.

Comment fonctionne le Bitcoin ?

Les utilisateurs de l'internet transfèrent les ressources numériques (bits) aux uns les autres un réseau. Il n'y a pas de banque en ligne ; plutôt, Bitcoin a été décrit comme un grand livre distribué sur l'Internet. Les utilisateurs achètent le Bitcoin avec de l'argent ou par la vente d'un produit ou service en échange pour le Bitcoin. Les portemonnaies de Bitcoin stockent et utilisent cette devise numérique. Les utilisateurs peuvent vendre hors de ce grand livre virtuel en échangeant leurs Bitcoin à quelqu'un d'autre qui en veut. N'importe qui peut le faire, n'importe où dans le monde.

Il y a des applications de smartphones pour mener des transactions Bitcoin mobiles et les échanges Bitcoin sont en train de peupler l'Internet.

Comment est évalué le Bitcoin?

Le Bitcoin n'est pas détenu ou contrôlé par une institution financière ; il est totalement décentralisé. Contrairement à l'argent réel dans le monde, il ne peut pas être dévalué par les gouvernements ou les banques.

Au lieu de cela, la valeur du Bitcoin réside simplement dans son acceptation entre les utilisateurs comme une forme de paiement et parce que son offre est limitée. Ses valeurs de devises globales fluctuent en fonction de l'offre et de la demande et la spéculation du marché ; comme plus de personnes créent des portefeuilles et tiennent et dépensent des bitcoins, et plus d'entreprises l'acceptent, la valeur du Bitcoin va augmenter. Les banques sont en train d'essayer d'évaluer le Bitcoin et certains sites web d'investissement prévoient que le prix d'un bitcoin sera plusieurs milliers de dollars en 2014.

Quels sont ses avantages ?

Il y a des avantages pour les consommateurs et les commerçants qui veulent utiliser cette option de paiement.

- Des transactions rapides – le Bitcoin est transféré instantanément sur l'internet...

- Pas de frais/frais peu élevés - contrairement aux cartes de crédit, le Bitcoin peut être utilisé gratuitement ou à des frais très peu élevés. Sans l'institution centralisée comme intermédiaire, il n'y a pas d'autorisations (et frais) requises. Cela améliore les marges de profit des ventes.

- Élimine les risques de fraude -seulement le propriétaire peut envoyer le paiement au destinataire, qui est le seul qui peut le recevoir. Le réseau connaît le transfert a eu lieu et les transactions sont validées ; ils ne peuvent pas être contestés ou repris. Ceci est important pour les commerçants en ligne qui sont souvent l'objet d'évaluations des processeurs de carte de crédit pour savoir si une transaction est frauduleuse, ou les entreprises qui paient le prix fort de la rétrofacturation par carte de crédit.

- Les données sont sécurisées - Comme nous l'avons vu avec les récents piratages sur les systèmes de traitement des paiements des détaillants, l'Internet n'est pas toujours un lieu sûr pour les données privées. Avec le Bitcoin, les utilisateurs ne donnent pas des informations privées.

- a. Ils ont deux clés : une clé publique qui sert d'adresse pour le bitcoin et une clé privée avec des données personnelles.

- b. Les transactions sont "signées" en combinant de façon numérique les clés publiques et privées ; une fonction mathématique est appliquée et un certificat est généré prouvant l'utilisateur a lancé l'opération. Les signatures numériques sont uniques à chaque opération et ne peuvent pas être réutilisées.

- c. Le marchand/bénéficiaire ne voit jamais vos informations secrètes (nom, numéro, adresse physique) donc c'est un peu anonymat, mais c'est traçable (à l'adresse bitcoin sur la clé publique).

- Système de paiement pratique - les marchands peuvent utiliser entièrement Bitcoin comme système de paiements ; ils n'ont pas à tenir toute monnaie Bitcoin depuis que Bitcoin peut être converti en dollars. Les consommateurs ou les commerçants peuvent échanger entre le Bitcoin et d'autres monnaies à tout moment.

- Les paiements internationaux – Le Bitcoin est utilisé partout dans le monde ; les marchands du e-commerce et fournisseurs de service peuvent facilement accepter les paiements internationaux, qui ouvrent de nouveaux marchés potentiels pour eux.

- Facile à suivre- Le réseau suit et consigne dans un registre de façon permanente toutes les transactions dans la chaîne de bloc de Bitcoin (la base de données). Dans le cas d'actes fautifs possibles, il est plus facile pour les responsables de l'application des lois de retracer ces transactions.

- Les micropaiements sont possibles - les Bitcoins peuvent être divisés jusqu'à un cent millionième, donc l'exécution de petits paiements d'un dollar ou moins deviennent gratuit ou une transaction presque gratuite. Cela pourrait être une véritable aubaine pour les magasins de proximité, des cafés, et des sites web sur abonnement (vidéos, publications).

Encore un peu confus ? Voici quelques exemples d'opérations :

Le Bitcoin dans le milieu de la vente au détail

Lors du paiement, le payeur utilise une application pour smartphone pour scanner un code QR avec toutes les informations sur les opérations nécessaires au transfert du bitcoin au détaillant. En appuyant sur le bouton "Confirmer", la transaction est terminée. Si l'utilisateur ne possède aucun Bitcoin, le réseau convertit les dollars de son compte dans la devise numérique.

Le détaillant peut convertir en dollars des Bitcoins s'il veut, il n'y avait pas ou très peu de frais de traitement (au lieu de 2 à 3 %), aucun pirate informatique ne peut voler des informations personnelles de consommateur, et il n'y a pas de risque de fraude. Très bien rodé.

Les Bitcoins et l'hôtellerie

Les hôtels peuvent accepter le Bitcoin pour des paiements chambres et de restauration sur place pour les clients qui souhaitent payer par l'aide de leur porte-monnaie Bitcoin mobile, ou de PC-à-site web pour payer pour une réservation en ligne. Une tierce partie de système de paiement des commerçants BTC peut aider à gérer les opérations qu'il accepte sur le réseau Bitcoin. Ces systèmes de paiement sont

Installés sur des tablettes dans la réception des établissements ou dans les restaurants pour les utilisateurs avec les logiciels de BTC de smartphone. (Ces processeurs de paiement sont également disponibles pour les PC de bureau, dans les systèmes de PDV de vente au détail, et intégrés dans les systèmes de point de vente des services alimentaires.) Des cartes de crédit ou argent n'ont pas besoin de changer de mains.

Ces transactions sans espèces sont rapides et le processeur peut convertir les bitcoins et faire un dépôt direct dans le compte bancaire de l'établissement. Il a été annoncé en Janvier 2014 que deux hôtelcasinos de Las Vegas vont accepter les paiements Bitcoin à la réception, dans leurs restaurants, et à la boutique de cadeaux.

Cela sonne bien, où est le piège ?

Les propriétaires d'entreprise devraient envisager des problèmes de participation, de sécurité et de coût.

- Un petit nombre de consommateurs ordinaires et marchands utilisent ou comprendre actuellement Bitcoin. Cependant, l'adoption est accrue partout au monde et des outils et technologies sont mises au point pour rendre la participation plus facile.

- C'est l'Internet, donc les pirates sont des menaces pour les échanges. La revue The Economist a rapporté qu'un échange Bitcoin a été piraté en septembre 2013 et 250 000 $ en bitcoins a été volé des voûtes en ligne des utilisateurs. Les Bitcoins peuvent être volés comme autre monnaie, donc des réseaux, serveur et la sécurité de base de données est primordiale.

- Les utilisateurs doivent protéger attentivement leurs portefeuilles de bitcoin qui contiennent leurs clés privées. Des sauvegardes ou des imprimés sécurisés sont cruciales.

- Le Bitcoin n'est pas réglementé ou assuré par le gouvernement américain, il n'y a donc pas d'assurance pour votre compte si l'échange se retire des affaires ou est volé par les pirates.

- Les Bitcoins sont relativement chers. Les taux actuels et les prix de vente sont disponibles sur l'échange en ligne.

La monnaie virtuelle n'est pas encore universelle, mais il prend conscience du marché et l'acceptation. Une entreprise peut décider d'essayer Bitcoin pour économiser sur les frais de carte de crédit et bancaires, en tant que commodité de client, ou pour voir si cela aide ou entrave les ventes et la rentabilité.

Comment Fonctionne Bitcoin

Les Bitcoins sont une forme crypto-monnaie décentralisée. Ce qui veut dire, qu'ils ne sont pas réglementés par une institution financière ou le gouvernement. En tant que tel, contrairement à un compte bancaire, vous n'avez pas besoin d'une longue liste de paperasse comme un ID pour vous permettre d'établir ce qui est connu comme un portefeuille de bitcoin. Le porte-monnaie de bitcoin est ce que vous allez utiliser pour accéder à vos bitcoins et d'envoyer des bitcoins à d'autres personnes.

La Configuration d'Un Compte

Vous pouvez acquérir un portefeuille de bitcoin à partir d'un courtier de bitcoin comme Coinbase. Quand vous ouvrez un portefeuille par l'intermédiaire d'un courtier agréé, vous êtes donné une adresse de bitcoin qui est une série de chiffres et de lettres, de même pour un numéro de compte à un compte bancaire et une clé privée qui est une série de chiffres et de lettres, qui servent de votre mot de passe.

Comment Travaille Bitcoin En Tant Que Processeur De Paiement Anonyme

Vous pouvez faire 3 choses avec des bitcoins, vous pouvez faire un achat, envoyer de l'argent anonymement à quelqu'un ou de l'utiliser comme un investissement. De plus en plus de marchands acceptent des bitcoins comme mode de paiement. En utilisant des bitcoins au lieu de l'argent en espèce, vous faites essentiellement cet achat de façon anonyme. C'est la même chose pour envoyer de l'argent, basée sur le fait que vous n'avez pas à soumettre une montagne de paiement afin de vous établir un bitcoin de façon anonyme, essentiellement, vous pouvez envoyer de l'argent à quelqu'un d'autre de façon anonyme.

Comment Fonctionne Bitcoin Comme Un Investissement

Le prix d'un bitcoin fluctue de temps en temps. Juste pour mettre les choses en perspective, au début de 2013, le prix moyen d'un bitcoin a été d'environ 400 $ par bitcoin, mais d'ici la fin de 2013, le prix du bitcoin est passé à plus de 1 000 $. Cela signifie que si vous aviez 2 bitcoins avec une valeur de 800 $ au début de 2013 et vous les avez stockés comme un investissement d'ici la fin de 2013, ces deux bitcoins auraient été d'une valeur de plus de 2 000 $ au lieu de 800 $. De nombreuses personnes stockent les bitcoins parce que leur valeur fluctue.

Casino et Sites de Poker Bitcoin

En raison de l'anonymat de bitcoin l'industrie du jeu a pris bitcoin comme méthode de paiement. Les casinos de bitcoin et sites de poker de bitcoin prennent vie et offre à leurs joueurs de faire des dépôts, jouer avec bitcoin sur les tables et retirer directement à leur portefeuille de bitcoin. Cela signifie qu'il n'y a pas de taxes ou de possibilités de contrôle du gouvernement. Un peu comme un casino régulier du Nevada où vous n'avez pas besoin de vous inscrire n'importe où et toutes vos transactions sont anonymes.

Comment Envoyez Bitcoin

Afin de vous permettre de payer pour des biens et services ou d'envoyer des bitcoins à un individu, 3 choses sont nécessaires. Votre adresse bitcoin, votre clé privée et l'adresse bitcoin de l'individu. À partir de ce point, par l'intermédiaire de votre portefeuille bitcoin, vous allez mettre 3 informations, qui sont : donnée, solde et sortie. Donnée fait référence à votre adresse, solde correspond à la quantité de bitcoins que vous allez envoyer et sortie est l'adresse du destinataire.

CHAPITRE DEUX : Le Minage De Bitcoin

En termes simples, on peut définir le minage de Bitcoin comme le processus d'ajout d'opérations à votre grand livre. Le processus aide à confirmer que suffisamment d'effort de calcul est consacré à un bloc. Le processus crée également de nouveaux Bitcoins dans chaque bloc.

Pour exploiter, vous pouvez jeter un coup d'œil sur les transactions dans un bloc, puis de vérifier leur validité. Vous devez ensuite sélectionner les plus récentes transactions dans l'en-tête du bloc le plus récent et de les insérer dans le nouveau bloc comme un hachage.

Avant qu'un nouveau bloc soit ajouté à la chaîne de bloc locale, vous devez résoudre le problème de la preuve de travail. C'est un problème qui est conçu pour s'assurer que le nouveau bloc à créer est difficile et que les données utilisées pour faire le bloc répondent aux exigences fixées.

Bitcoin utilise la preuve de travail de Hashcash ; par conséquent, pour vous de résoudre le problème, vous devez créer un hash.

Comment créer un hash

Si vous savez comment le faire, c'est très facile de créer un hash d'une collection de blocs de Bitcoin. Malheureusement, c'est que vous ne pouvez pas établir les données en regardant simplement au hash-vous avez besoin de tester des différents blocs.

Les hash sont trouvés aux blocs et vous avez à les combiner pour prouver que vos données sont légitimes. Il y a des mineurs qui tentent de prendre la voie facile en essayant de simuler une opération par le changement d'un bloc déjà enregistré.

Veuillez noter que chaque hash est unique et spécifique à un bloc donné ; par conséquent, lorsque vous manipulez un bloc donné, vous modifiez le hash. Lorsqu'un mineur exécute une fonction hashtag sur le bloc manipulé, le bloc est faux, et vous n'obtiendrez pas de récompenses.

Récompense du minage

Lorsque vous avez réussi à résoudre une preuve de travail, vous obtenez une récompense de minage. Le nombre de Bitcoins dans la récompense dépend d'un certain nombre de facteurs tels que la complexité du problème. Pour être en mesure de gagner plus d'argent, vous avez à résoudre de nombreux problèmes. Vous avez également besoin d'ordinateurs à grande vitesse pour vous permettre de résoudre autant de problèmes que possible.

En ce moment, les pools de minage ont vu le jour et sont fondés sur un concept très simple. Ici, un groupe de mineurs se regrouper et travaille sur un certain nombre de blocs. Une fois le problème résolu, les mineurs partagent les récompenses. Avec de la bonne information et des outils, le minage de Bitcoin n'est pas seulement satisfaisante, c'est aussi un moyen amusant et sûr de transférer de l'argent sur l'internet.

CHAPITRE TROIS : Guide De Minage De Bitcoin – Démarrer Avec Le Minage De Bitcoin

Le Minage de Bitcoin est difficile à faire de façon rentable, mais si vous essayez, alors ce mineur de Bitcoin est probablement une bonne chance.

Comment le Minage de Bitcoin Marche

Avant de commencer le minage de Bitcoin, il est utile de comprendre ce que signifie vraiment le minage de Bitcoin. Le Minage de Bitcoin est légal et s'effectue en exécutant un processus de vérification de double série de hachage SHA256 afin de valider les transactions Bitcoin et fournir la sécurité nécessaire pour le grand livre public du réseau Bitcoin. La vitesse à laquelle vous exploitez les Bitcoins est mesurée en hache par seconde.

Le réseau Bitcoin récompense les mineurs de Bitcoin pour leur effort en libérant des bitcoins à ceux qui contribuent la puissance de calcul nécessaire. Ceci vient sous forme de bitcoins nouvellement émis, et des frais de transaction inclus dans les transactions validées lors du minage des bitcoins. Le plus la puissance de calcul que vous contribuez plus votre part de la récompense.

Étape 1- Obtenir le Meilleur Hardware Pour le Minage De Bitcoin

L'achat des Bitcoins - Dans certains cas, il peut être nécessaire d'acheter du hardware de minage avec des bitcoins. Aujourd'hui, vous pouvez acheter la plupart des hardwares sur Amazon. Vous pouvez également vérifier les tableaux de bitcoin.

Comment Démarrer Le Minage De Bitcoin

Pour commencer le minage des bitcoins, vous aurez besoin d'acquérir du hardware de minage de bitcoin. Dans les premiers jours de bitcoin, il était possible d'exploiter avec le CPU de votre ordinateur ou carte de processeur vidéo à haute vitesse. Aujourd'hui, ce n'est plus possible. Les puces ASIC de Bitcoin personnalisées offrent des performances jusqu'à 100x la capacité des plus anciens systèmes, elles sont venues à dominer l'industrie de minage de Bitcoin.

Le minage de Bitcoin avec rien de moins consommera plus d'électricité que vous êtes susceptible de gagner. Il est essentiel d'exploiter les bitcoins avec le meilleur hardware de minage de bitcoin construite à cette fin. Plusieurs sociétés comme Avalon offre des excellents systèmes conçus spécifiquement pour le minage de bitcoin.

Les Meilleurs Services de Minage Nuage de Bitcoin

Une autre option est d'acheter des contrats de minage nuage de Bitcoin. Cela simplifie grandement le processus, mais augmente le risque, car vous ne contrôlez pas le hardware physique.

Étant énuméré dans cette section n'est pas une approbation de ces services. Il y a eu une énorme quantité d'arnaques de minage nuage de Bitcoin.

Hashflare : Hashflare propose des contrats de minages SHA-256 pour $1.20/10 GH/s. Des pièces SHA-256 plus rentables peuvent être exploitées tandis que les paiements automatiques sont encore en BTC. Les clients doivent acheter au moins 10 GH/s.

Revue de Genesis Mining : Genesis Mining est le plus grand fournisseur de minage nuage de Bitcoin et scrypt. GM offre trois plans de minage minier de Bitcoin : 100 GH/s ($26/contrat à vie), 2 000 GH/s ($499/contrat à vie), et 10 000 GH/s (2 400 $/contrat à vie). Ces plans coût 0,26 $, 0,25 $ et 0,24 $ par GH/s, respectivement. Les contrats de minage Zcash sont de 29 $ pour 0,1 H/s, 280 $ pour 1 H/s, 2 600 $ pour 10 H/s

Minex : Minex est un agrégateur de projets de chaînes de bloc présentés dans un format de jeu de simulation économique. Les utilisateurs achètent des Cloudpacks qui peuvent ensuite être utilisés pour construire un indice d'ensembles pré-choisis de fermes de minages, loteries, casinos, marchés mondiaux réels et bien plus encore.

Minergate : Offre à la fois des services de minages en commun et combinés et nuage pour Bitcoin.

Hashnest : Hashnest est exploité par Bitmain, le producteur de la ligne de mineurs Antminer de Bitcoin. HashNest compte actuellement plus de 600 Antminer S7S à louer. Vous pouvez voir les tarifs les plus récents et la disponibilité sur le site web de Hashnest. Au moment de la rédaction, un Antminer avec un taux de hachage S7 peut être loué pour $1 200.

Bitcoin Cloud Mining : En ce moment, tous les contrats de Bitcoin Cloud Mining sont vendus.

NiceHash : NiceHash est unique parce qu'il utilise un carnet de commande pour apparier des acheteurs et vendeurs de contrat de minage. Vérifiez son site web pour la plus récente des prix.

Eobot : Démarrer avec le minage nuage de Bitcoin avec aussi peu que 10 $. Eobot revendique que les clients peuvent atteindre le seuil de rentabilité dans 14 mois.

MineOnCloud : MineOnCloud dispose actuellement d'environ 35 TH/s de hardware de minage pour louer dans le nuage. Certains mineurs disponibles à la location sont AntMiner S4S et S5S.

Hardwares Pour Le Minage de Bitcoin

Des exemples sont : AntMiner S7, Avalon6 et SP20 Jackson

Logiciel de Minage de Bitcoin

Étape 2 - Téléchargement de Logiciel de Minage de Bitcoin Gratuit

Une fois que vous avez reçu votre hardware de minage de bitcoin, vous aurez besoin de télécharger un programme spécial utilisé pour le minage de Bitcoin. Il y a beaucoup de programmes qui peuvent être utilisés pour le minage de Bitcoin, mais les deux plus populaires sont CGminer et BFGminer qui sont des programmes en ligne de commande.

Si vous souhaitez la facilité d'utilisation livrée avec une interface graphique, vous pourriez vouloir essayer EasyMiner qui est un programme sous windows/linux/Android facile à utiliser.

Étape 3 - Inscrivez-vous à un Pool de minage de Bitcoin

- Une fois que vous êtes prêt pour le minage des bitcoins, nous vous conseillons de vous joindre à un pool de minage de Bitcoin. Les pools de minage de Bitcoin sont des groupes de mineur travaillant ensemble pour résoudre un bloc et partager dans ses récompenses. Sans un pool de minage de Bitcoin, vous pourriez exploiter des bitcoins pour plus d'un an et sans jamais gagner de bitcoins. C'est beaucoup plus pratique de partager le travail et répartir les récompenses avec un plus large groupe de mineurs de Bitcoin. Voici quelques options :

- Pour un pool entièrement décentralisé, nous vous recommandons fortement p2pool.

- Les pools suivants sont censés de valider actuellement entièrement des blocs avec un Noyau de Bitcoin 0.9.5 ou ultérieure (0.10.2 ou ultérieur recommandé à cause des vulnérabilités DoS) :

- BitMinter

- CK Pool

- Eligius

- Slush Pool

Étape 4 - Mettre en Place Un Portefeuille de Bitcoin

L'étape suivante dans le minage des bitcoins est de mettre en place un portefeuille de Bitcoin ou utilisez votre portefeuille Bitcoin existant pour recevoir les Bitcoins vous minez. Un portefeuille Bitcoin est comme un portefeuille classique et peut être un logiciel, mobile ou web. Les portefeuilles hardware de bitcoin sont aussi disponibles.

Les Bitcoins sont envoyés à votre portefeuille de Bitcoin en utilisant une adresse unique qui n'appartient qu'à vous. L'étape la plus importante dans la configuration de votre portefeuille de Bitcoin est de le sécuriser des menaces potentielles en permettant l'authentification à deux facteurs ou en le laissant sur un ordinateur hors ligne qui n'a pas accès à l'Internet. Les portefeuilles peuvent être obtenus en téléchargeant un logiciel client sur votre ordinateur.

Vous aurez aussi besoin d'être en mesure d'acheter et vendre vos Bitcoins. Pour cela, je recommande :

Kraken - Le plus grand échange européen avec SEPA de même jour.

Guide Pour L'achat de Bitcoin - Obtenez de l'aide pour trouver un échange de Bitcoin dans votre pays.

Les Bitcoins locaux - ce service fantastique vous permet de rechercher des personnes dans vos communautés prêtes à vous vendre des bitcoins directement. Mais attention !

CHAPITRE QUATRE : Le Minage Nuage

Comment Fonctionne Le Minage Nuage de Bitcoin ?

Si vous souhaitez investir dans le minage de bitcoin sans les tracas de la gestion de votre propre hardware, il y a une alternative. Vous pouvez utiliser les nuages pour gagner votre monnaie.

Mettre très simplement, le minage en nuage signifie l'utilisation (généralement) de la puissance de traitement partagée exécutée à partir de centres de données à distance. On a besoin de qu'un ordinateur pour les communications, les portefeuilles de bitcoin locaux optionnels et ainsi de suite.

Cependant, il existe certains risques liés au minage nuages que les investisseurs ont besoin de comprendre avant d'acheter.

Avantages

Voici pourquoi vous pourriez vouloir considérer le minage de nuage :

Une maison calme, et froide - aucun bourdonnement constant de ventilateur

Pas de frais d'électricité additionnels

Pas de hardware à vendre lorsque le minage cesse d'être rentable

Pas de problèmes de ventilation avec du hardware chaud

Réduit la chance d'être déçu par les fournisseurs d'équipements de minage.

Inconvénients

Voici pourquoi vous ne souhaiterez peut-être pas le minage nuage :

Risque de fraude

Les opérations de minage opaques

Moins amusant (si vous êtes un geek qui aime la construction de système !)

Faibles Profits - les opérateurs doivent couvrir leurs coûts après tout

Les avertissements contractuels que les opérations de minages peuvent cesser selon le prix du bitcoin

Le manque de contrôle et de flexibilité.

Types de minage nuage

En général, il y a trois formes de minage à distance disponible pour le moment :

1. Minage hébergé

Louer une machine de minage qui est hébergée par le fournisseur.

2. Minage virtuel hébergé

Créer un (objectif général) serveur virtuel privé et installez votre propre logiciel le minage.

3. Location de puissance de hachage

Louez une quantité de puissance de hachage, sans avoir un ordinateur physique ou virtuel dédié. (C'est de loin la méthode la plus populaire de minage de nuage.)

Comment déterminer la rentabilité

Nous avons abordé les moyens de calculer la rentabilité de minage. Toutefois, les services web offerts sont conçus pour fonctionner avec les paramètres de votre hardware, pas les paramètres de minage.

Malgré cela, vous pouvez toujours utiliser ces calculatrices en pensant clairement sur les coûts impliqués. Les calculatrices de rentabilité (par exemple, The Genesis Block) demandent souvent vos frais d'électricité, et parfois l'investissement initial en hardware. Effectivement, on vous demande vos dépenses courantes et vos investissements forfaitaires.

Par conséquent, étant donné que le fournisseur, pas vous, paie la facture d'électricité, vous pouvez saisir la facture de minage mensuelle à la place du coût de l'électricité.

Le processus de conversion n'est pas complètement simple, cependant. Dans le cas de mineurs avec les hardwares, vous pouvez établir les coûts de fonctionnement mensuel en multipliant vos frais d'électricité (ie : $ par KWh) par la consommation électrique de l'unité et par un facteur de conversion de 0,744 (le ratio de secondes par mois aux joules d'énergie par KWh).

Mais, pour des calculs de minage nuage, vous devez faire l'inverse, parce que le fournisseur vous donne un coût de fonctionnement mensuel (efficace). Par conséquent, vous avez besoin de calculer un équivalent coût par kilowattheure pour mettre dans le calculateur de minage.

Récompense vs risque

Lors de l'engagement dans n'importe quel type de minage de crypto-monnaie il y a des risques, mais la rentabilité est possible si vous faites le bon choix. Dans cet article, nous vous avons donné quelques conseils sur la façon de décider quel chemin prendre.

Dans vos calculs d'essai, vous allez possiblement voir que certains services de minage nuage seront rentables pour quelques mois, mais, comme le niveau de difficulté de bitcoin augmente, vous allez probablement commencer à faire une perte dans quatre à six mois et au-delà.

Une solution possible à cette situation est de réinvestir ce que vous avez fait dans le maintien d'un taux de hachage concurrentiel, mais c'est hautement spéculatif.

Comme mentionné ci-dessus, le risque de fraude et de mauvaise gestion, est trop courant, dans le domaine de minage de nuage. Les investisseurs devraient seulement investir dans le minage de nuage s'ils sont à l'aise avec ces risques - comme on dit, ne jamais investir plus que vous êtes disposé à perdre.

Faites des enquêtes sur les médias sociaux, parler avec des anciens clients et poser des questions précises aux opérateurs avant d'investir. En fin de compte, vous devriez pratiquer le même genre de diligence raisonnable que vous le feriez pour tout investissement.

Comment Configurer un Mineur de Bitcoin

Il y a trois principales catégories de hardware de minage de bitcoin, tous plus cher et plus puissant que le dernier. Ce guide pour la mise en place d'un mineur de bitcoin explique chacun d'eux, et parle de la façon de les faire fonctionner.

Taux de hachage

C'est le nombre de calculs que votre hardware peut effectuer chaque seconde, tandis qu'il tente de déchiffrer le problème de mathématiques que nous avons décrit dans notre section de minage. Les taux de hachage sont mesurés en megahashes, gigahashes, et terahashes, par seconde (MH/sec, GH/sec, et TH/sec. Plus votre taux de hachage (par rapport à la moyenne actuelle des taux de hachage), plus vous avez des chances de résoudre un bloc de transaction. La page de comparaison du hardware minier de wiki est un bon endroit où aller pour les informations sur les taux de hachage pour un hardware différent.

La consommation d'énergie

Toute cette puissance de calcul consomme de l'électricité, et cela coûte de l'argent. Il est intéressant d'examiner votre la consommation d'énergie en watts de votre hardware, en faisant votre choix. Vous voulez vous assurer que vous n'avez pas à dépenser tout votre argent sur l'électricité pour exploiter de la monnaie qui ne vaut ce que vous avez payé.

Utilisez ces deux facteurs pour déterminer le nombre de hash vous obtenez pour chaque watt d'électricité que vous utilisez. Pour ce faire, divisez le nombre de hachage par le nombre de watts.

Par exemple, si vous avez un périphérique de 500 GH/sec, et prenez 400 watts de puissance, vous obtenez donc 1,25 GH/s par watt. Vous pouvez vérifier votre facture d'électricité ou utiliser une calculatrice d'électricité en ligne pour savoir combien cela signifie en espèce.

Cependant, il y a une mise en garde ici. Dans certains cas, vous utiliserez votre ordinateur pour faire fonctionner le hardware de minage. Votre ordinateur possède sa propre consommation d'électricité en plus du hardware de minage, et vous aurez besoin d'ajouter ce facteur à votre calcul.

Hardware de Minage de Bitcoin

Il y a trois grandes catégories de hardware pour les mineurs de bitcoin : GPU, FPGA, et ASIC. Nous allons les explorer en profondeur ci-dessous.

Le Minage CPU/GPU de Bitcoin

La catégorie la moins puissante de hardware exploitation de bitcoin est votre ordinateur lui-même. En théorie, vous pourriez utiliser votre le CPU de votre ordinateur pour exploiter les bitcoins, mais dans la pratique, cela est si lent par les normes d'aujourd'hui qu'il ne vaut pas la peine.

Vous pouvez améliorer votre taux de hachage de bitcoin par ajout de hardware graphiques sur votre ordinateur de bureau. Les cartes graphiques disposent d'unités de traitement graphique (GPU). Ils sont conçus pour les levages mathématiques de poids lourds afin de pouvoir calculer l'ensemble des polygones complexes nécessaires dans les jeux vidéo de haut de gamme. Cela les rend particulièrement efficaces pour les mathématiques de hachage SHA nécessaires pour résoudre des problèmes de transaction de blocs.

Vous pouvez acheter des GPU à partir de deux principaux fournisseurs : ATI et Nvidia. Les cartes haut de gamme peuvent coûter des centaines de dollars, mais vous donnent aussi un avantage significatif sur le hachage de CPU. Par exemple, une carte graphique ATI 5970 peut vous donner plus de 800 MH/sec par rapport à un CPU, qui va généralement vous donner moins de 10 MH/sec.

Une des belles choses sur GPU, est qu'ils vont également laisser vos options ouvertes. Contrairement à d'autres options discutées plus tard, ces unités peuvent être utilisées avec d'autres crypto-monnaies que bitcoin. Litecoin, par exemple, utilise une autre preuve d'algorithme de travail de bitcoin, appelé Scrypt. Cela a été optimisé pour être convivial vers les CPU et GPU, ce qui en fait une bonne option pour les mineurs GPU qui veulent basculer entre différentes monnaies.

Le Minage GPU est en grande partie morte ces jours-ci. La difficulté de minage de Bitcoin a accéléré beaucoup avec la libération de la puissance de minage ASIC que les cartes graphiques ne peuvent rivaliser. Si vous voulez les utiliser, vous feriez mieux d'équiper vous-même avec une carte mère qui peut prendre plusieurs cartes, pour économiser sur l'exécution de blocs d'alimentation séparés pour les différentes cartes.

Le Minage FPGA De Bitcoin

Un Field Programmable Gate Array est un circuit intégré conçu pour être configuré après avoir été construit. Cela permet à un fabricant de hardware de minage d'acheter les puces en volume, puis de les personnaliser en fonction de minage de bitcoin avant de les placer dans leur propre équipement. Parce qu'ils sont personnalisés pour le minage, ils offrent des améliorations de performances par rapport à un CPU et GPU. Des FPGA à puce unique, ont été observés de fonctionner à environ 750 Megahashes/sec, bien que ce soit à l'extrémité élevée. Il est, bien entendu, possible de mettre plus d'une puce dans une boîte.

Les Mineurs de Bitcoin ASIC

C'est là où se trouve l'action vraiment. Des circuits intégrés à application spécifique (ASICs) sont spécifiquement conçus pour faire juste une chose : le minage des bitcoins à une vitesse époustouflante, avec relativement peu d'énergie. Parce que ces puces doivent être conçues spécifiquement pour cette tâche et puis fabriquées, elles sont coûteuses et prennent longtemps à produire - mais les vitesses sont éblouissantes. Au moment de l'écriture, les unités se vendent avec des vitesses allant de 5 à 500 Gigahashes/sec (bien qu'obtenir certains d'entre eux réellement à eux pour livrer a été un problème). Les vendeurs promettent déjà des dispositifs ASIC avec bien plus de pouvoir, qui s'étend jusqu'à la gamme de 2 Terahashes /s.

CHAPITRE CINQ : Des Façons Simples d'Acheter et D'Investir dans Bitcoin

Bitcoin est un système décentralisé, d'entités homologues, système de monnaie numérique, conçu pour donner aux utilisateurs en ligne la capacité de traiter des transactions via l'unité d'échange numérique connu sous le nom de Bitcoins. En d'autres termes, c'est une monnaie virtuelle.

Le système Bitcoin a été créé en l'an 2009 par un programmeur non-divulgué. Depuis lors, Bitcoin a suscité une attention considérable ainsi que la controverse comme une alternative au dollar US, Euros et devises comme l'or et l'argent.

L'Ascension à la Popularité de Bitcoin

Bitcoin n'avait pas atteint beaucoup d'attention dans le monde des affaires et des finances avant l'année 2009. Il a pris de l'importance dans la période 2011-2012 lorsqu'il a gagné plus de 300 %. Bitcoin a eu une croissance de 400 % de sa valeur depuis le mois d'août de l'année dernière. En conséquence, les entreprises de capital-risque et les investisseurs du monde entier continuent de payer de l'importance à la crypto-monnaie.

Dans la première moitié de 2014, les entreprises de capital-risque ont investi 57 millions de dollars dans le Bitcoin au premier trimestre, suivi d'un autre 73 millions de dollars au deuxième trimestre pour un montant total de 130 millions de dollars, soit 50 % de plus du total de 88 millions de dollars de l'année dernière. C'est un contraste complet du scénario de 2012 où les entreprises Bitcoin ont amassé une somme relativement faible de 2,2 millions de dollars.

Ces statistiques prouvent hors de tout doute que Bitcoin vaut votre investissement, qui pose la question, comment pouvez-vous acheter et investir dans Bitcoin ?

Une ligne directrice pour les investisseurs novices en Bitcoin

La méthode la plus facile et moins compliqué d'investir dans Bitcoin est en achetant des bitcoins.

Il y a beaucoup d'entreprises, principalement aux États-Unis et à l'étranger, qui sont impliqués dans l'achat et la vente des bitcoins, abrégé en BTC.

Coinbase

Si vous vivez aux États-Unis, Coinbase est donc l'endroit que vous recherchez. Coinbase fournit à ses clients des BTC à une marge de 1 % par rapport à l'actuel prix du marché. Les résidents des États-Unis ont la possibilité de synchroniser leurs portefeuilles de Coinbase avec leurs comptes bancaires. En conséquence, les transferts de fonds futurs sont effectués sans problème. Cette entreprise vous donne aussi la possibilité d'acheter des bitcoins automatiquement de temps en temps. Par exemple, si vous êtes intéressés par l'achat de 50 $ en bitcoins au début de chaque mois, Coinbase vous permet de mettre en place un achat automatique pour ce montant.

Soyez conscient des conditions générales avant de commencer à utiliser ce service. Si vous êtes abonné à un service de bitcoin automatique, alors vous ne serez pas en mesure de contrôler le prix auquel le BTC est acheté chaque mois. Notez que Coinbase ne fonctionne pas comme un échange de Bitcoin, c'est-à-dire que vous achetez et vendez les pièces directement à partir de l'entreprise. Car l'entreprise doit acheter les pièces d'autres acheteurs, vous pouvez faire face à des retards ou des perturbations lors de la pose des commandes pendant des fluctuations rapides sur le marché.

BitStamp

BitStamp adapte aux spécifications d'échange classique de bitcoin. Bitcoin agit comme un intermédiaire qui vous permet d'échanger avec d'autres utilisateurs et non l'entreprise elle-même. Ici, la liquidité est plus élevée et vous avez toujours une bonne chance de trouver quelqu'un qui est disposé à traiter avec vous. Il y a un frais initial de 0,5 %, ce qui peut être réduit à 0,2 % si vous faites des affaires de 150 000 $ dans une période de 30 jours.

D'autres façons d'acheter des Bitcoins

Local Bitcoins

L'échange n'est pas la seule méthode d'investissement dans des bitcoins. Local Bitcoins est souvent utilisé pour acheter des BTC hors ligne. Le site web est conçu pour relier les acheteurs et les vendeurs potentiels. Les bitcoins sont bloqués du vendeur en mains tierces et ne peuvent être libérés seulement aux acheteurs.

L'achat des bitcoins hors ligne n'est pas toujours très fiable et sécuritaire. Par conséquent, il est préférable de rencontrer les vendeurs pendant la journée et laisser un ami vous suivre juste en cas où les choses vont mal.

Bitcoin n'est juste pas une tendance moderne. Les entreprises de capital-risque considèrent le Bitcoin comme substitut pour la monnaie classique dans le long terme. Il y a d'innombrables façons pour vous d'entrer dans le domaine de l'investissement des bitcoins. Comme mentionné avant, Coinbase BitStamp, et Local Bitcoins sont des voies les plus populaires d'investir dans le bitcoin dans les États-Unis. Faites, vos devoirs et découvrez quel moyen coche toutes vos cases.